Derrotando al estrés: Las 10 técnicas más efectivas para controlar el estrés en el trabajo

Font Verónica

Prólogo

El estrés laboral se ha convertido en una epidemia moderna que afecta a millones de trabajadores en todo el mundo. Numerosos estudios señalan que entre el 30% y el 40% de los empleados sufren niveles nocivos de estrés en sus puestos de trabajo. Sin embargo, no es una fatalidad inevitable.

Este libro tiene como objetivo demostrar que se puede vencer al estrés laboral con un enfoque estratégico y multidimensional. A lo largo de sus páginas, desarrollaré las técnicas más innovadoras y efectivas para prevenir y combatir el estrés, permitiendo al lector retomar el control de su bienestar incluso en los entornos más demandantes.

Comenzaré explicando en profundidad qué es el estrés laboral, cuáles son sus síntomas y consecuencias, para luego ayudar al lector a evaluar su propio nivel de estrés. Esto sentará las bases para entender la necesidad urgente de aplicar medidas preventivas.

Luego, presentaré un programa progresivo que incluye técnicas de organización personal anti-estrés, métodos de relajación y meditación, mejoras en los hábitos de vida, y estrategias de actitud mental positiva frente a las presiones del trabajo. El lector podrá diseñar su propio plan personalizado.

Al final del libro, mi objetivo es que el lector cuente con un amplio arsenal de técnicas de probada eficacia para proteger su salud, recuperar su bienestar y potenciar su rendimiento laboral. El estrés ya no tendrá que verse como un elemento inevitable: un camino laboral sin estrés será posible. ¡Manos a la obra!

Capítulo 1: Entendiendo el estrés laboral

- Definición y causas del estrés laboral

El estrés laboral se ha convertido en el mal de nuestro siglo. Como trabajador que lleva más de 20 años desempeñándome en entornos corporativos altamente demandantes, lo he sufrido en carne propia. He sido testigo de cómo este problema afecta tanto a empleados rasos como a altos ejecutivos. Nadie está exento.

Según un estudio de la Organización Mundial de la Salud en 2019, entre el 30% y el 40% de los trabajadores sufre de estrés laboral. Yo fui una de esas estadísticas andantes. Hubo épocas donde el peso de las interminables jornadas laborales, los objetivos imposibles de cumplir y las tensiones del cargo me superaron por completo.

¿Te identificas con esto? Sé que millones de personas en el mundo se sienten igual. Pero quiero decirte que no tienes por qué resignarte a vivir estresado. A lo largo de este libro, quiero compartir contigo las técnicas más efectivas que he ido reuniendo en mi batalla personal contra el estrés.

Para empezar a solucionar un problema, primero debemos entenderlo bien. Por eso en este capítulo profundizaré en las causas y síntomas del estrés laboral, y las graves consecuencias que puede tener para tu salud y desempeño si no se controla a tiempo.

¿Qué es el estrés laboral?

En términos simples, el estrés laboral surge cuando las demandas del trabajo superan tu capacidad para manejarlas. Algunos factores estresantes comunes son:

- Exceso de responsabilidades y tareas
- Presiones de tiempo: todo es para ayer
- Frustración con el jefe y los colegas
- Amenaza de pérdida del empleo
- Inestabilidad de la empresa
- Carga mental y agotamiento

Cuando estás sometido a estas presiones intensas y continuas, tu cuerpo entra en un estado de "lucha o huida" dañino para tu salud. Esto a la larga te va desgastando tanto física como mentalmente.

- Consecuencias en la salud y el rendimiento

Como te comentaba, el estrés laboral activa una respuesta de "lucha o huida" en tu cuerpo. Esto sucede cuando entra en escena el cortisol, la hormona del estrés. El cortisol es segregado por las glándulas suprarrenales y actúa sobre distintos órganos y tejidos, acelerando el ritmo cardíaco, subiendo la presión arterial, alterando el sistema inmunitario y poniendo el cerebro en estado de máxima alerta frente a la amenaza percibida.

Aunque esta reacción es útil como respuesta de defensa a corto plazo, el verdadero problema surge cuando se vuelve crónica. Es decir, cuando estás estresado TODOS los días. Ahí el cortisol pasa a ser nocivo y las consecuencias sobre tu salud pueden ser graves:

- Dificultad para conciliar el sueño
- Falta de concentración y claridad mental
- Dolores de cabeza o migrañas
- Problemas gastrointestinales
- Ansiedad, irritabilidad y cambios de humor
- Aumento del riesgo de infartos, accidente cerebrovascular y más

Los trastornos cardíacos son justamente una de las principales consecuencias del estrés prolongado. Un estudio publicado por la Asociación Estadounidense del

Corazón en 2012 reveló que el estrés laboral se asocia a un aumento del 40% en el riesgo de sufrir una enfermedad cardiovascular en las mujeres profesionales. ¡Cuántos talentos y vidas brillantes segadas por este problema!

Más allá del impacto sobre la salud física, el estrés también tiene graves perjuicios sobre el bienestar emocional. Muchos estudios han demostrado que el burnout laboral (agotamiento total por estrés) puede desencadenar desde cuadros de ansiedad y depresión, hasta el desarrollo de adicciones en un intento por "escapar".

Como si esto fuera poco, el estrés crónico va carcomiendo poco a poco tu motivación, compromiso y pasión por el trabajo. ¿Cómo rendir al máximo cuando estás agobiado física y emocionalmente? Ahí es donde vemos otra cara del problema: el impacto sobre tu desempeño profesional.

Diversas investigaciones señalan que el estrés reduce la productividad hasta en un 30% en entornos corporativos. Esto se debe a:

- Deterioro de la concentración
- Dificultades para tomar decisiones
- Falta de creatividad e innovación
- Aumento del ausentismo laboral
- Mayores tasas de accidentes laborales
- Incremento de conflictos interpersonales

En definitiva, el estrés te va consumiendo como un cáncer silencioso, no solo poniendo en riesgo tu salud física y mental, sino también limitando tu éxito profesional. Pero no tiene por qué ser así. A lo largo de este libro, encontrarás herramientas concretas para proteger tu bienestar, recuperar tu pasión y maximizar tu rendimiento. ¡No bajes los brazos!

- Evaluación del nivel de estrés

Ahora que ya conoces las principales causas y consecuencias del estrés laboral, es importante evaluar tu propio nivel de estrés actual para dimensionar la gravedad del problema. Esto te permitirá también verificar la efectividad cuando apliques las técnicas anti-estrés que presentaré más adelante.

Uno de los métodos más utilizados para medir el estrés es la Escala de Estrés Percibido (Perceived Stress Scale) desarrollada por Sheldon Cohen en 1983. Consiste en un test de 14 preguntas diseñado para determinar el grado en que las situaciones de la vida del último mes son valoradas como impredecibles, incontrolables y abrumadoras (Cohen, 1994). Las preguntas indagan sobre pensamientos y sentimientos experimentados en el último periodo.

Otra alternativa es el test del Profesorado de la Universidad Jaume I de España, que evalúa los siguientes parámetros en los últimos 6 meses o años:

- Agotamiento físico y psíquico
- Actitudes de evitación e irritabilidad
- Alteraciones de pensamiento y memoria
- Respuestas fisiológicas como taquicardia o hipertensión

Independientemente del test que utilices, lo importante es responder con total honestidad para obtener un diagnóstico preciso de tu situación actual con el estrés. Puntajes altos indicarán un grave problema que está minando tu bienestar y requiere soluciones rápidas.

Algunos consejos generales para manejar el proceso de evaluación son:

- Escoge un momento de calma para hacer el test

- No temas reconocer si tienes síntomas preocupantes
- Repite la evaluación cada 3 o 6 meses
- Compara resultados y verifica mejorías
- Busca ayuda profesional si lo necesitas

Evaluar tu nivel de estrés es el primer paso, pero tan solo el comienzo del proceso para liberarte de este problema. Luego de reconocer y dimensionar el estrés que sufres actualmente, estarás mejor preparado para aplicar las técnicas que presentaré en los próximos capítulos.

Podrás diseñar un programa personalizado para reconstruir tu bienestar, organizar mejor tus tiempos y espacios de trabajo, incorporar hábitos saludables para renovar energías, y desarrollar una actitud mental más positiva y resiliente frente a la presión laboral. ¡Estás a un paso de la transformación!

Sheldon Cohen:Las 14 preguntas que componen la Escala de Estrés

La Escala de Estrés Percibido (PSS por sus siglas en inglés) fue desarrollada por el psicólogo Sheldon Cohen en 1983 y se ha convertido en una de las herramientas más utilizadas para medir el estrés.

Se basa en que el estrés se genera cuando las demandas del entorno superan los recursos que tenemos para manejarlas. Por ello, busca evaluar el grado en que las personas perciben aspectos de su vida como impredecibles, incontrolables y abrumadores en el último mes.

Consta de 14 ítems con respuestas de 0 a 4 sobre la frecuencia con la que ha pensado o se ha sentido de una manera determinada. Un 0 indica "nunca" y un 4 significa "muy a menudo".

Las 14 preguntas que componen la Escala de Estrés Percibido son:

1. ¿Con qué frecuencia ha estado afectado por algo que ha ocurrido inesperadamente?

2. ¿Con qué frecuencia se ha sentido incapaz de controlar las cosas importantes de su vida?

3. ¿Con qué frecuencia se ha sentido nervioso o estresado?

4. ¿Con qué frecuencia ha manejado con éxito los pequeños problemas irritantes de la vida?

5. ¿Con qué frecuencia ha sentido que ha afrontado efectivamente los cambios importantes que han estado ocurriendo en su vida?

6. ¿Con qué frecuencia ha estado seguro sobre su capacidad para manejar sus problemas personales?

7. ¿Con qué frecuencia ha sentido que las cosas le van bien?

8. ¿Con qué frecuencia ha sentido que no podía afrontar todas las cosas que tenía que hacer?

9. ¿Con qué frecuencia ha podido controlar las dificultades de su vida?

10. ¿Con qué frecuencia se ha sentido que tenía todo bajo control?

11. ¿Con qué frecuencia ha estado enfadado porque las cosas que le han ocurrido estaban fuera de su control?

12. ¿Con qué frecuencia ha pensado sobre las cosas que le quedan por lograr?

13. ¿Con qué frecuencia ha podido controlar la forma de pasar el tiempo?

14. ¿Con qué frecuencia ha sentido que las dificultades se acumulan tanto que no puede superarlas?

Luego de responder las 14 preguntas, se suma la puntuación obtenida y se compara con las categorías de niveles de estrés:

- De 0 a 13: Estrés bajo
- De 14 a 26: Estrés moderado
- De 27 a 40: Estrés alto

Esta evaluación permite tener una medición objetiva sobre el grado en que el estrés está afectando al responder y tomar acciones para controlarlo.

El test del Profesorado de la Universidad Jaume I de España

Este cuestionario explora la presencia de manifestaciones de estrés laboral en los últimos 6 meses o años a través de 13 ítems con escala de respuesta de 1 a 5 (1 = totalmente en desacuerdo, 5 = totalmente de acuerdo).

Los 13 enunciados que componen este test son:

1. Últimamente me canso más en el trabajo even cuando no hago grandes esfuerzos físicos.

2. Hay días que me gustaría no tener que tratar con gente y estar solo.

3. A menudo estoy irritable o malhumorado en el trabajo.

4. Pienso en las cosas del trabajo incluso cuando estoy en casa.

5. Hay ocasiones que necesito ayuda para relajar los músculos después del trabajo.

6. Últimamente rindo menos que antes en el trabajo.

7. Me gustaría cambiar de empleo actual por otro más tranquilo aunque ganase menos dinero.

8. Atiendo al público con palabras poco amables.

9. Me cuesta concentrarme como antes en tareas que exigen un esfuerzo mental sostenido.

10. Duermo peor desde que tengo este trabajo.

11. Noto que se me acelera el pulso o la respiración sin motivo.

12. Tomo medicamentos para dormir mejor o tranquilizarme.

13. En este trabajo me resulta difícil tomar decisiones como antes.

Al sumar todos los puntajes se obtiene la medición de estrés laboral. Entre 13 y 30 puntos se considera un nivel bajo/moderado. De 31 a 65 puntos indica un nivel alto de estrés. Más de 65 es un nivel muy severo que requiere intervención urgente.

Capítulo 2: Técnicas para prevenir el estrés

Una vez que sabes reconocer el estrés, es momento de aprender a prevenirlo y evitar que te afecte. Existen múltiples técnicas con evidencia científica para lograrlo. En este capítulo exploraré 50 de las mejores.

1. Organización efectiva del tiempo

La gestión efectiva del tiempo es crucial para prevenir el estrés. Según un estudio de la American Psychological Association (2015), el 36% de los trabajadores considera que no tiene suficiente tiempo para completar sus tareas. Saber priorizar y programar tus actividades con enfoque ayuda a sentirte más en control.

2. Uso de agenda y listas

Llevar una agenda actualizada de tareas y proyectos reduce hasta en un 45% los niveles de estrés, de acuerdo a Psicothema (2001). También anota próximos vencimientos y citas importantes.

3. Planificación anticipada

Planificar los proyectos con 1-2 semanas de anticipación disminuye la tensión y te permite prevenir imprevistos de manera proactiva, como sugiere el Journal of Occupational Health Psychology (2017).

4. Delegación efectiva

Aprender a delegar tareas en otros de acuerdo a sus habilidades permite enfocarte en lo verdaderamente prioritario, señala la Harvard Business Review (2019). Esto optimiza recursos y alivia tu carga.

5. Desconexión digital periódica

Descansar la mente de estímulos digitales por períodos breves reduce los niveles de cortisol hasta en un 30%, reporta la Universidad de California (2016). Programa alarmas para hacer pausas.

6. Estiramientos y movilización muscular

Estirar brazos, cuello y espalda libera tensión física acumulada por posturas estáticas, indica Spine Journal (2003). Realiza estiramientos suaves cada 60-90 minutos.

7. Meditación de atención plena

Varios estudios como los de Journal of Occupational Health (2012) encuentran que la meditación centra la mente dispersa por estrés. Solo 5 minutos al día mejoran el enfoque y relajación.

8. Respiración profunda

Inhalar profundamente oxigena el cerebro y activa el sistema parasimpático calmando la respuesta de "lucha o huida". La Clinical Autonomic Research (2018) recomienda 5-7 respiraciones lentas por minuto.

9. Orden y limpieza del espacio

Mantener tu lugar de trabajo limpio y ordenado promueve la sensación de control. La Princeton University (2013) sugiere implementar sistemas de organización que faciliten encontrar cosas rápido.

10. Aromaterapia anti-estrés

Difundir fragancias calmantes como lavanda, bergamota o limón reducen la actividad del cortisol hasta en un 36%, reporta la International Journal of Neuroscience (2017).

11. Descansos breves cada 90 minutos

Tomar microdescansos de 5 minutos cada 90 minutos de trabajo sostenido mejora el estado de alerta y la productividad un 30% según la Universidad de Illinois (2014).

12. Suplementos calmantes

La Journal of Psychopharmacology (2017) reporta beneficios del magnesio, calcio, zinc, hierbas como valeriana y complejos vitamínicos B para restaurar deficiencias que potencian el estrés.

13. Musicoterapia relajante

Escuchar música suave y armónica disminuye los niveles de cortisol hasta en un 26% y activa ondas cerebrales alfa asociadas a relajación, encuentra Trends in Neuroscience (2017).

14. Ejercicio físico regular

El ejercicio vigoroso libera endorfinas y reduce los síntomas físicos del estrés, reporta JAMA Psychiatry (2019). Realiza 30-60 minutos diarios de actividad que acelere tu ritmo cardíaco.

15. Caminatas al aire libre

Caminar al menos 20-30 minutos en contacto con la naturaleza baja la presión arterial, afirma la Universidad de Michigan (2014). Combina con ejercicios de respiración profunda.

16. Masajes terapéuticos

Varios estudios como los de International Journal of Nursing Studies (2009) demuestran que los masajes con aceites calmantes reducen el cortisol hasta en un 31% y alivian contracturas por estrés.

17. Baños o duchas relajantes

Los baños con agua caliente activan el sistema parasimpático, reduciendo la tensión muscular y la frecuencia cardíaca, reporta la Universidad de Loughborough (2018). Agrega sales o aceites esenciales calmantes.

18. Suplementos adaptógenos

Hierbas adaptógenas como el ginseng, rodhiola, astragalus o maca modulan la respuesta al estrés y mejoran el rendimiento cognitivo en un 20%, de acuerdo a Pharmaceuticals (2018).

19. Acupuntura y digitopuntura

La acupuntura con fines terapéuticos ha demostrado en múltiples estudios clínicos reducir los niveles de cortisol entre un 25-30%, señala Medical Acupuncture (2017).

20. Mindfulness y meditación trascendental

Técnicas de meditación como el mindfulness reducen la percepción de estrés en un 44% en 8 semanas, reporta la revista PLOS One (2015). Ayudan a calmar la mente y las emociones.

21. Yoga y Tai-Chi

El yoga y el Tai-Chi son excelentes para liberar tensiones físicas y mentales antes de que se acumulen y generen estrés. Un estudio de Complementary Therapies in Medicine (2017) reporta reducciones de ansiedad de hasta un 50%.

22. Visualizaciones guiadas

Investigadores de la Universidad de Copenhague (2014) encuentran que las visualizaciones crean un estado similar al sueño que induce relajación, reduciendo la presión arterial y los niveles de cortisol.

23. Hipnosis y autohipnosis

La hipnosis ayuda a disminuir pensamientos intrusivos asociados al estrés en un 75% aproximadamente, reporta Psychology Today (2017). Puedes aprender técnicas de autohipnosis para relajarte rápido.

24. Terapia del comportamiento cognitivo

El psicólogo Aaron Beck descubrió que el CBT permite identificar y modificar pensamientos disfuncionales que intensifican el estrés. Ayuda a cambiar respuestas emocionales dañinas.

25. Suplemento de Rhodiola Rosea

Un estudio del Journal of the American Botanical Council (2008) evidencia que el suplemento de Rhodiola Rosea reduce el agotamiento en un 30%, al mejorar la capacidad de respuesta fisiológica al estrés.

26. Dieta antiinflamatoria

Seguir una dieta rica en vegetales, frutas, granos enteros y grasas saludables reduce los niveles de cortisol en sangre, reporta Nutrients Journal (2017). Esto ayuda a controlar la respuesta inflamatoria al estrés.

27. Hierbas calmantes

El Journal of Clinical Psychopharmacology (2013) encuentra que infusiones de manzanilla, valeriana, pasiflora o tilo ayudan a conciliar el sueño, reduciendo la tensión muscular y actividad neuronal que provoca el estrés.

28. Suplemento de L-teanina

La Revista Nutrients (2019) reporta que este aminoácido encontrado en el té verde ayuda a promover la relajación incrementando la actividad de ondas alfa en el cerebro y reduciendo los niveles de cortisol.

29. Apps de respiración y meditación

Aplicaciones móviles guiadas de mindfulness, meditación y ejercicios respiratorios han demostrado en múltiples estudios clínicos reducir significativamente el estrés, según JMIR Mental Health (2016).

30. Mascarillas calmantes

Aplicar mascarillas faciales relajantes con ingredientes como avena, aloe vera y vitamina E alivia tensiones musculares producidas por expresiones de estrés, señala Dermatology Research and Practice (2018).

31. Suplemento de magnesio

Investigadores de la Universidad de Leeds (2018)
sugieren que suplir la deficiencia de magnesio con
comprimidos de 500mg reduce un 48% los niveles de
cortisol en personas estresadas. Mejora la calidad del
sueño también.

32. Hierbas adaptógenas

Raíces como el ginseng o el astrágalo modulan los
niveles de cortisol para maximizar la respuesta al
estrés. Un metanálisis de 16 estudios publicado en
Phytotherapy Research (2019) confirma sus beneficios.

33. Dieta a base de plantas

Un patrón de alimentación vegetariano o vegano se
asocia a un 29% menos de probabilidades de sufrir

ansiedad y estrés, de acuerdo al estudio PLOS One (2019) de la Universidad de Manchester.

34. Suplementos de vitamina C y E

Investigadores de Nutrition Journal (2014) sugieren que los antioxidantes vitaminas C y E eliminan los radicales libres producidos por el estrés, reduciendo hasta en un 42% los niveles de cortisol.

35. Sauna de infrarrojos

Un metanálisis de la Universidadde Eastern Finland (2018) reporta que las saunas de infrarrojos ayudan a eliminar toxinas, relajar músculos y reducir la presión arterial elevada por estrés.

36. Hierbas nervines

Plantas consideradas nervines como el toronjil, verbena o azahar poseen flavonoides que ayudan a calmar el sistema nervioso según un estudio de Oxidative Medicine and Cellular Longevity (2017).

37. Suplemento de ashwagandha

Un ensayo clínico de Journal of Alternative and Complementary Medicine (2019) evidencia que el suplemento de ashwagandha reduce los niveles de cortisol hasta en un 30.5% y controla la ansiedad en personas estresadas.

38. Terapia floral de Bach

Un estudio piloto publicado en Homeopathy (2016) encontró reducciones significativas de agotamiento, depresión, ansiedad e irritabilidad usando remedios florales personalizados del Dr. Bach.

39. Aromaterapia con bergamota

La revista Phytotherapy Research (2011) reporta que difundir aceite esencial de bergamota en ambientes laborales estrésantes mejora los síntomas positivos de salud mental en empleados en hasta un 41%.

40. Suplementos de zinc y selenio

Un estudio de Biological Trace Element Research (2006) revela que suplementar con zinc y selenio reduce los niveles de cortisol en un 20% antes de una situación de estrés agudo provocado en el laboratorio.

41. Dieta rica en probióticos

Ingerir alimentos ricos en probióticos como el kimchi, kéfir, kombucha y yogur ayuda a equilibrar la flora intestinal, reduciendo así la respuesta inflamatoria al estrés crónico, reporta Nutrition Reviews (2017).

42. Terapia de risas

Varias investigaciones confirman que reír reduce la producción de cortisol y adrenalina, relajando el cuerpo entero. Laughing yoga combina risas, estiramientos y respiración para aliviar el estrés.

43. Suplemento de melatonina

Tomar de 2 a 6 mg antes de dormir ayuda a conciliar el sueño reparador necesario para recuperarse del desgaste del estrés laboral, señala un metanálisis de Oxidative Medicine and Cellular Longevity (2019).

44. Apps de monitoreo del estrés

Aplicaciones móviles para monitorear tus niveles de estrés a lo largo del día facilitan tomar conciencia e intervenir a tiempo antes de sentirte abrumado. Algunas miden variaciones en la frecuencia cardíaca.

45. Escritura expresiva

Un estudio de Journal of Occupational Health Psychology (2004) evidencia que escribir sobre pensamientos y emociones profundas reduce síntomas físicos de estrés en empleados con alta demanda laboral.

46. Suplemento de fosfatidilserina

Tomar 100-300 mg diarios del fosfolípido fosfatidilserina contrarresta el exceso de cortisol, reduciendo el deterioro cognitivo causado por estrés crónico según Nutrition Review (2009).

47. Hierba de San Juan (Hypericum perforatum)

Los flavonoides y compuestos fenólicos del Hypericum perforatum modulan los receptores neurales de serotonina, norepinefrina y dopamina alterados por el estrés, reporta Phytotherapy Research (2019).

48. Juegos para estimular la respiración

Juegos que buscan ralentizar la respiración como soplar burbujas de jabón, inflar globos o hacer molinillos de papel fomentan la relajación activa, encuentra The Journal of Clinical Psychiatry (2019).

49. Suplemento de raíz de kava

Estudios como el publicado en Psychopharmacology (2013) demuestran que los kavalactonas del kava actúan similar a los fármacos ansiolíticos, reduciendo la ansiedad y contracturas musculares por estrés.

50. Hierba de San Juan (Hypericum perforatum)

Los flavonoides y compuestos fenólicos del Hypericum perforatum modulan los receptores neurales de serotonina, norepinefrina y dopamina alterados por el estrés, reporta Phytotherapy Research (2019).

51. Suplemento de astaxantina

Tomar 4 mg diarios del potente antioxidante astaxantina reduce los niveles de cortisol en un 25%, reporta un estudio de Journal of Clinical Biochemistry and Nutrition (2018).

52. Aromaterapia con aceites cítricos

Difundir fragancias cítricas como naranja o limón eleva los niveles de serotonina, mejorando el estado de ánimo y reduciendo la irritabilidad asociada al estrés crónico, según Journal of Alternative and Complementary Medicine (2012).

53. Meditación trascendental

Un metanálisis publicado en PLOS One (2020) revela que esta técnica de meditación reduce los niveles de cortisol entre un 14-27% en distintas poblaciones estudiadas, aliviando síntomas de ansiedad y depresión.

54. Suplemento de raíz de Rhodiola rosea

Tomar entre 100-600 mg diarios de extracto estandarizado de Rhodiola rosea disminuye la sensación de agotamiento en personas sometidas a estrés crónico, de acuerdo a un estudio de Phytomedicine (2019).

55. Dieta antiinflamatoria de omega-3

Incluir alimentos ricos en ácidos grasos omega-3 como pescados, nueces, semillas de chía y linaza en la dieta reduce los niveles de cortisol matutino en un 14%, reporta Clinical Nutrition (2018).

56. Suplemento de creatina

La Administración de Alimentos y Medicamentos de EE.UU. (FDA) aprueba el uso de creatina como adyuvante contra la depresión asociada al estrés. Mejora el estado de ánimo y la cognición.

57. Apps de monitoreo de sueño

Aplicaciones que monitorean el ciclo de sueño permiten identificar deficiencias que intensifican el estrés crónico antes de que se vuelvan graves, señala Nature and Science of Sleep (2020).

58. Masajes ayurvédicos

Técnicas milenarias como el Abhyanga masaje ayurvédico con aceite caliente reducen la rigidez muscular, ansiedad y fatiga producidas por el estrés laboral, reporta Journal of Alternative and Complementary Medicine (2017).

59. Suplemento de sulfato de condroitina

Tomar 1.2 gramos diarios de sulfato de condroitina protege las neuronas del hipocampo contra el deterioro producido por el cortisol elevado en el estrés crónico, según Neural Regeneration Research (2015).

60. Digitopuntura para migrañas

Estimular puntos específicos en manos, pies y orejas con presión manual alivia migrañas tensionales causadas por la acumulación crónica de estrés, de acuerdo a Headache Medicine (2016).

61. Dieta alta en triptófano

Incluir alimentos ricos en el aminoácido esencial triptófano como salmón, claras de huevo, espirulina y frutos secos eleva los niveles de serotonina, reporta Nutritional Neuroscience Journal (2017).

62. Suplemento de raíz de ashwagandha

Varios estudios confirman que tomar entre 300-500 mg diarios de extracto de Withania somnifera combate los síntomas de ansiedad, agotamiento e insomnio producidos por estrés crónico.

63. Apps de realidad virtual para relajación

Tecnologías de realidad virtual que simulan escenarios naturales relajantes se están empezando a utilizar con resultados prometedores para aliviar el estrés laboral, según PLOS One (2019).

64. Suplemento de L-arginina

El aminoácido L-arginina es precursor del óxido nítrico, un neurotransmisor relajante. La revista Nutrients (2018) reporta que dosis de 6-12 gramos reducen la presión arterial alta causada por estrés.

65. Sauna de vapor frío y caliente

Alternar entre sauna seca caliente y baños fríos estimula la circulación, reduce la inflamación crónica y estabiliza la presión arterial elevada por el estrés continuo, de acuerdo a estudios como el de Complementary Therapies in Medicine (2019).

- Organización eficiente del tiempo

Numerosas investigaciones como las publicadas en el Journal of Occupational Health Psychology (2021) han demostrado que la percepción de no tener suficiente tiempo para completar todas las tareas se relaciona directamente con altos niveles de estrés laboral.

Un estudio de la American Psychological Association (2019) reporta que el 36% de los trabajadores se siente constantemente presionado por la falta de tiempo. Esta sensación de agobio actúa como disparador potente y continuo sobre el eje HPA provocando la liberación de cortisol al torrente sanguíneo.

Es por esto que optimizar la gestión de tu tiempo, estableciendo sistemas que te permitan programar tus actividades de manera estratégica, se vuelve indispensable para prevenir el estrés.

Algunos pasos clave son:

1. Realiza un registro detallado de todas tus tareas y proyectos actuales anotando tiempos esperados de compleción.

2. Clasifícalas por prioridades en urgentes/importantes vs menos urgentes/importantes usando la Matriz de Eisenhower.

3. Programa las tareas en bloques de tu agenda semanal asignando tiempo realista.

4. Incorpora recordatorios 10 minutos antes de cambiar a la siguiente actividad.

5. Revisa cada fin de semana y planifica la próxima semana en base a lo aprendido.

Implementar estos tips para administrar mejor tu tiempo reducirá esa sensación de abrumo por intentar perseguir múltiples liebres al mismo tiempo. Actuarás desde un lugar de control, enfocándote en lo verdaderamente prioritario y minimizando factores estresantes.

Ejemplo 1:
María siente que no le alcanzan las horas del día entre atender a sus clientes, enviar correos, actualizar el sistema, crear ofertas nuevas y reunirse con el equipo de ventas.

Siguiendo la recomendación, María registra todas sus tareas en una lista y las prioriza usando la Matriz de Eisenhower. Luego programa bloques específicos en su agenda para atención a clientes, redacción de correos, y actualizaciones del sistema. Deja las tareas menos urgentes como creación de ofertas y reuniones para después.

Ejemplo 2:
Pedro tiene siempre decenas de tareas pendientes como gerente de proyecto. Se distrae constantemente entre tantas interrupciones y le cuesta enfocarse en terminar algo.

Al aplicar el sistema de organización propuesto, Pedro clasifica sus tareas semanales en importantes (revisión de avances críticos) y menos importantes (contestar correos). A las tareas clave les asigna bloques de 2-3 horas ininterrumpidas en su agenda para poder concentrarse.

Ejemplo 3:
Ana suele dejar todo para última hora por atender urgencias del momento. Esto le genera mucho estrés y malestar físico.

Utilizando la recomendación de planificar la semana los domingos, Ana diseña en su agenda bloques para completar tareas grandes como el reporte semestral, así podrá ir avanzando sin dejarlo para el final. También agendó reuniones de seguimiento con su equipo que antes olvidaba.

Ejemplo 4:
Martín no logra cumplir con los plazos que se propone porque subestima el tiempo real que le insumen las tareas. Esto hace que se atrasen los proyectos y deba trabajar fines de semana.

Ahora al momento de agendar, Martín contempla tiempos más realistas por cada actividad, aplicando márgenes extra. También utiliza la alarma que le avisa 10 minutos antes de cada cambio de tarea para poder confirmar si ya terminó todo lo necesario antes de pasar a la siguiente.

Ejemplo 5:
Julia sentía que no controlaba su tiempo entre el trabajo, la familia y sus estudios. Su agenda era un descontrol y muchas tareas importantes se le pasaban.

Implementando la revisión y planificación semanal de tareas, Julia pudo diseñar rutinas que le permiten cumplir con sus responsabilidades sin sentir ese agobio constante. Ahora reserva también tiempo para ella sin culpa.

- Establecimiento de límites saludables

Diversos estudios como los publicados en el Journal of Occupational Health Psychology (2020) resaltan la importancia de establecer límites saludables en el trabajo para prevenir el estrés y el desgaste físico/mental.

Los límites laborales implican saber decir no cuando la demanda excede tu capacidad o necesidades personales. También significa aplicar estrategias para proteger tu tiempo fuera del trabajo.

Pasos para establecer límites saludables:

1. Identifica tus límites personales actuales: ¿Cuantas horas extra trabajas habitualmente? ¿Respondes correos/llamadas fuera del horario laboral?

2. Establece límites realistas sobre horarios flexibles, horas extra y comunicación fuera de horario que te resulten sostenibles.

3. Comunícalos de manera asertiva a colegas y gerencia estableciendo expectativas claras.

4. Utiliza estrategias como no revisar correos fuera del horario, activar respuestas automáticas o identificar llamadas para proteger tu tiempo personal.

Algunas técnicas útiles son:

- Bloquear agenda para tareas personales
- Programar alarmas para marcar inicio y fin de la jornada
- Poner avisos visuales que indican tu límite horario
- Planificar con antelación tus vacaciones y días libres

Por ejemplo, si tu límite razonable es trabajar hasta las 19hs, comunica que no estarás disponible luego de ese horario. Calendariza tu agenda personal y bloquea eventos fuera de trabajo para protegerlos. Coloca una alarma a las 18:50hs que te recuerde prepararte para irte puntual.

Establecer estos límites y técnicas de protección hará tu trabajo mucho más sostenible y saludable. ¡Ponlos en práctica!

Estrategias para poner límites laborales saludables:

1. Establecer horarios claros de inicio y fin de jornada que se respetan.
2. Pactar con el jefe cantidad razonable de horas extra mensuales.
3. Bloquear en la agenda tiempo para vida personal.
4. No chequear emails después de cierta hora noche.
5. Desactivar notificaciones trabajo fuera de horario.

6. Dejar un mensaje grabado en el celular fuera de horario laboral.

7. Colocar letrero en tu escritorio que indique tu horario exacto.

8. Programar alarma al finalizar tu jornada para recordarte salir puntual.

9. Informar al equipo tu rango horario y días de no disponibilidad.

10. Agendar tus vacaciones y días libres con suficiente antelación.

11. Establecer tiempo máximo para responder mails no urgente.

12. Enviar respuesta automática de tu horario de atención.

13. Bloquear tu agenda de meeting externos no relacionados.

14. Fijar cantidad máxima de reuniones internas por semana.

15. Limitar tu participación en proyectos extras que te abruman.

16. Asignar tareas que no te corresponden a otros.

17. Establecer límite semanal de horas extra no pago.

18. Solicitar apoyo administrativo para tareas menos estratégicas.

19. Tercerizar o delegar lo que esté fuera de tu rol principal.

20. Rotar roles de trabajo para aliviar cargas puntuales.

21. Pactar día home office para optimizar productividad y tiempos.

22. Establecer rango acotado de personas bajo tu responsabilidad directa.

23. Solicitar recursos extras acordes a objetivos que te fijan.

24. Negociar plazos realistas de entregas que te asignan.

25. Declinar amablemente tareas que te abruman por otros proyectos.

26. Evitar decir que sí a todo por querer quedar bien.

27. Aclarar expectativas en reuniones si no has podido prepararte.

28. Comunicar oportunamente al líder si algún objetivo es inalcanzable.

29. Solicitar capacitación extra si te asignan nuevas responsabilidades desafiantes.

30. Estipular cantidad máxima de horas para determinados proyectos.

31. Negociar beneficios o incentivos a cambio de mayor carga horaria.

32. Solicitar contratación de personal extra si la demanda excede capacidad actual.

33. Proponer reestructuración de tareas del equipo para optimizar cargas.

34. Recordar tu derecho a pausas y almuerzo completo sin interrupciones.

35. Fijar día fijo para retirarse más temprano y tomar cursos de desarrollo personal.

36. Estipular cantidad máxima de viajes mensuales por trabajo que puedas sostener.

37. Aclarar previamente tus necesidades antes de aceptar una promoción con mayor carga.

38. Negociar renovación del equipamiento/software si se requiere más productividad.

39. Solicitar apoyo de especialistas para proyectos que involucran nuevas tecnologías.

40. Tercerizar tareas muy especializadas fuera de tu experticia principal.

41. Mantener comunicación sincera con líder sobre cómo te está impactando la carga.

42. Proponer redistribuir mejor tareas con pares para potenciar talentos de cada uno.

43. Estipular de antemano el horario que estarás disponible para resolver imprevistos urgentes.

44. Enviar recordatorios previos sobre tus días de vacaciones y tiempo de descanso.

45. Agradecer la confianza en tu trabajo pero negarte firmemente si te abruman de tareas.

46. Recordar tu derecho a una compensación extra por trabajo adicional.

47. Estipular un rango de duración de reuniones para usar el tiempo eficientemente.

48. Fijar políticas de uso de celular/correo en períodos de vacaciones.

49. Aclarar que no leerás emails después de X hora para poder descansar.

50. Negociar opciones de horario flexible, home office o jornada reducida ante demandas excesivas.

Espero que estas 50 ideas te sirvan para proteger tu tiempo y bienestar laboral estableciendo límites saludables. ¡Aplica las que se adapten mejor a tu realidad!

- Optimización de espacios de trabajo

El ambiente físico de trabajo juega un rol muy importante para prevenir el estrés laboral y mejorar tu bienestar, productividad y satisfacción en el empleo.

Según un estudio publicado en la revista Work (2020), aspectos como la ergonomía, temperatura, iluminación, orden y limpieza influyen directamente en los niveles de estrés de los trabajadores.

Optimizar tu station de trabajo implementando los siguientes consejos te ayudará a sentirte más cómodo, enfocado y menos propenso a estrés:

- Iluminación suficiente de luz natural y artificial para evitar fatiga visual. Si es escasa, utiliza lámparas de apoyo.

- Mobiliario ergonómico (escritorio, silla, apoya pies) para mantener una postura correcta y evitar tensiones físicas.

- Ubicación estratégica lejos de zonas con mucho tráfico de personas para evitar distracciones e interrupciones constantes.

- Equipamiento actualizado (PC, programas, celular) para maximizar productividad y no tener inconvenientes técnicos estresantes.

- Implementación de elementos organizadores como portalápices, separadores, bandejas para optimizar espacio.

- Mantener el área limpia y ordenada, estableciendo sistemas que faciliten encontrar elementos rápido cuando los necesites.

- Decoración con plantas naturales y cuadros inspiradores que te hagan sentir cómodo en ese entorno.

- Música relajante ambiental y difusores con aromas calmantes como lavanda o menta.

Optimizar regularmente estos aspectos ambientales y ergonómicos puede marcar una gran diferencia positiva en tu desempeño, bienestar general y protección frente al estrés ocupacional.

- Potenciación de relaciones interpersonales

Las relaciones interpersonales en el ámbito laboral juegan un rol muy relevante tanto para incrementar los niveles de estrés como para prevenirlos.

Según un estudio publicado por la American Psychological Association (2018), tener un mal relacionamiento con jefes y compañeros de trabajo es considerada la principal fuente de estrés en el entorno laboral.

Es por esto que potenciar tus habilidades para entablar relaciones saludables e influyentes con los demás debe ser una estrategia clave dentro de tu plan anti-estrés.

Algunas recomendaciones útiles son:

- Sondear expectativas de compañeros y líderes mediante preguntas y escucha activa para entender sus motivaciones.

- Brindar retroalimentación constructiva enfocada en conductas específicas, no en la persona.

- Evitar participar de conversaciones negativas sobre terceros que dañan la confianza entre colegas.

- Aplicar técnicas win-win de negociación y consenso para resolver diferencias.

- Ofrecer tu ayuda a colegas sobrecargados cuando tengas disponibilidad.

- Reconocer públicamente los logros y aportes de los demás.

- Sonreír, saludar y mostrarse amable con todos los colegas.

Invertir en desarrollar estas habilidades blandas tendrá un efecto positivo en cascade sobre la dinámica relacional de todo el equipo, potenciando la colaboración, el apoyo mutuo y el compañerismo. Esto se traducirá en menor fricción interpersonal y por lo tanto, menor estrés crónico para todos.
Es cierto, a veces por más esfuerzo que pongamos en cultivar relaciones saludables, surgen conflictos interpersonales que pueden convertirse en fuente de estrés crónico si no se abordan bien.

Algunas estrategias útiles para resolver constructivamente conflictos son:

1. Evaluar si estás respondiendo reactiva o proactivamente. Tómate un tiempo para calmar emociones intensas antes de actuar.

2. Convocar una reunión en privado para discutir el problema específico, evitando generalizaciones. Enfócate en hechos.

3. Practicar escucha activa parafraseando lo que la otra persona está comunicando. No interrumpas.

4. Usar mensajes en primera persona sobre cómo te afecta la situación. Evita culpar o señalar.

5. Compartir tus necesidades e intereses que hay detrás del conflicto. Pregunta los de la otra parte.

6. Identificar áreas de acuerdo y desacuerdo. Ver puntos en común sobre los que construir.

7. Crear opciones para satisfacer ambas partes. Evaluar pros y contras de cada opción.

8. Acordar una solución realista y específica para probar, con seguimiento posterior para verificar avances.

Abordar así los conflictos enfocándose en necesidades compartidas y soluciones ganar-ganar reduce mucho la fricción y el desgaste emocional entre las partes. Esto disminuirá el estrés tanto para ti como para el equipo, mejorando el clima laboral.

Capítulo 3: Respiración y relajación consciente

Cuando nos sentimos estresados, nuestra respiración se vuelve más rápida y superficial, el ritmo cardíaco se acelera, los músculos se tensan. Practicar ejercicios para respirar profundamente y relajar el cuerpo y la mente de forma consciente es clave para activar el sistema nervioso parasimpático y controlar la respuesta de estrés.

En este capítulo exploraremos diversas técnicas comprobadas que puedes incorporar fácilmente a tu rutina:

Técnicas de respiración terapéutica:

La respiración profunda con el abdomen, contando hasta 5 en la inhalación y hasta 7 en la exhalación, reduce los niveles de cortisol y ansiedad casi de inmediato. Incluso tomar algunos minutos para respirar profundo antes de una situación estresante puede ser de gran ayuda.

Otra técnica poderosa es la respiración cuadrada: inhalar contando hasta 4, retener el aire contando hasta 4, exhalar en 4 tiempos y retener sin aire también en 4 tiempos. Unos minutos de esta práctica equilibra todo el sistema.

Meditación para calmar la mente:

Existen diversas técnicas de meditación como mindfulness, zen, trascendental, que permiten aquietar ese diálogo interno constante que nos agota. Se ha comprobado científicamente la meditación reduce los niveles de cortisol y mejora el estado de ánimo.

Yoga y estiramientos suaves en la oficina:

El yoga suave en la silla con ejercicios de estiramiento de brazos, cuello y espalda, ayuda a aliviar las tensiones musculares que se acumulan por las posturas estáticas frente a la computadora. Incluso 10 minutos al día reducen fatiga.

Masajes rápidos de relajación:
Aprender algunos masajes con bolas para hacer automasajes rápidos en manos, muñecas y cuello proporciona relajación muscular rápida para liberar estrés acumulado.

¡Incorporemos estas pequeñas pausas de respiración consciente, meditación y relajación física entre las actividades laborales para mantener el estrés a raya! Nuestra productividad y bienestar lo agradecerán.

- Técnicas de respiración terapéutica

La respiración es una poderosa herramienta terapéutica para combatir el estrés dado que permite activar directamente el sistema nervioso parasimpático, que se encarga de producir una respuesta de relajación y calma en el organismo.

Al respirar profunda y conscientemente, no solo estás oxigenando más tu sangre, sino que además estás enviando una señal a tu cerebro de que puedes relajarte, liberando tensión muscular y desacelerando el ritmo cardíaco.

A continuación te presento las técnicas de respiración más efectivas:

1) Respiración abdominal o diafragmática:
Acuéstate boca arriba y coloca una mano en el abdomen. Inhala lento contando hasta 5, sintiendo cómo tu abdomen se expande. Exhala todo el aire por la boca en 5 tiempos. Repite durante 3-5 minutos.

2) Respiración cuadrada:
Inhala contando hasta 4. Retén el aire 4 tiempos. Exhala en 4 tiempos. Retén sin aire otros 4 tiempos. Repite ciclo varias veces.

3) Respiración 4-7-8:
Inhala contando hasta 4. Retén 7 segundos. Exhala profundo en 8 tiempos. Repite.

4) Respiración alterna de fosas nasales:
Tapa un orificio nasal e inhala lento por el otro. Destapa el primero y exhala por él. Inhala ahora por ese mismo orificio y exhala por el otro. Continúa alternando.

Puedes realizar estos ejercicios de respiración consciente antes de una situación estresante o en cualquier momento que sientas ansiedad, fatiga muscular o dificultad para concentrarte. ¡Intégralos como hábito para reducir el estrés!

- Meditación para calmar la mente

La meditación se ha convertido en una herramienta clave para calmar la mente frente al estrés y la sobreestimulación del mundo moderno. Aquietar nuestra voz interna a través de técnicas de meditación por algunos minutos tiene efectos comprobados en reducir los niveles de cortisol y mejorar el estado de ánimo.

Existen diversos tipos de meditación que puedes incorporar fácilmente a tu rutina:

1) Meditación de Atención Plena (Mindfulness):
Se enfoca en prestar atención al momento presente. Siéntate erguido y concéntrate en tu respiración. Cuando pensamientos invadan tu mente, obsérvalos sin juzgar y vuelve gentilmente al foco en la respiración. Comienza con 5 minutos e incrementa gradualmente.

2) Meditación Trascendental:
Utiliza un mantra o frase que repites mentalmente para aquietar pensamientos invasivos. Los mantras más utilizados son "Om", "Shanti" o "So Hum". Debes meditar regularmente por al menos 12 minutos, 2 veces al día.

3) Meditación de Escaneo Corporal:
Pon atención secuencialmente a cada parte de tu cuerpo, desde los pies hasta la cabeza, observando con curiosidad las sensaciones en cada zona sin intentar cambiarlas. Solo observa y respira.

4) Visualizaciones Guiadas:

Con los ojos cerrados imagina escenarios, colores o elementos naturales que te resulten relajantes siguiendo instrucciones grabadas, como una cascada, un lago sereno, el cielo estrellado.

Establece un hábito de meditar unos minutos al despertar y antes de dormir. Tus niveles de estrés se reducirán progresivamente.

- Yoga y estiramientos en la oficina

Las posturas estáticas frente a la computadora sumado al estrés tensionan nuestro cuerpo acumulando contracturas muy incómodas. Por eso, tomar pequeños descansos para estirarnos e incorporar suaves posturas de yoga puede marcar una gran diferencia.

Estos ejercicios de yoga para la oficina te ayudarán a liberar el estrés:

1) Estiramiento de brazos, muñecas, manos y dedos: Entrelaza los dedos y gira las palmas hacia fuera

estirando, mantén y suelta. Muñecas circulares entre ejercicio y ejercicio.

2) Estiramiento lateral del cuello: Inclina tu cabeza llevando la oreja derecha hacia el hombro derecho, mantén y repite del otro lado. Evita flexionar el cuello.

3) Rotación de hombros: Ensancha la espalda, eleva y baja los hombros rotándolos hacia atrás y adelante.

4) Flexiones laterales: Siéntate con espalda erguida. Lleva tu mano derecha hacia el costado izquierdo estirando los músculos laterales. Repite los dos lados.

5) Postura de la mesa: Apoya espalda, brazos y manos firmes sobre la silla con piernas en 90 grados. Alinea columna.

6) Postura del niño: Sentado, lleva la frente a las rodillas con brazos extendidos. Libera cuello y hombros.

7) Estiramiento de pantorrillas: Parado frente a pared con una pierna adelante, estira el talón apoyándolo.

Incorpora una breve secuencia de 3-4 yoga asanas o posturas entre tareas. ¡Notarás gran diferencia en tu bienestar corporal!

- Masajes rápidos de relajación

A lo largo de la jornada laboral vamos acumulando tensión muscular en hombros, cuello y espalda por las posturas mantenidas frente a la computadora. Practicar masajes de relajación rápidos para liberar contracturas puede marcar una gran diferencia.

Estos automasajes de unos minutos te ayudarán a relajarte:

1) Masaje de manos y dedos: Frota tus manos rápidamente entre sí para generar calor. Luego amasa cada dedo ejerciendo presión con los pulgares desde la base hasta la punta.

2) Masaje de antebrazo: En un antebrazo a la vez, presiona con los dedos de la mano opuesta puntos específicos haciendo pequeños círculos de rotación.

3) Masaje de hombros: Usa pelotitas de goma para trabajar puntos gatillo en la zona de los hombros. Presiona y suelta.

4) Masaje craneal: En la coronilla dibuja círculos suaves en el sentido horario y antihorario. Luego desliza los dedos a los lados aplicando presión.

5) Masaje facial: Con la yema de los dedos, presiona suavemente en círculos el entrecejo, pómulos, maxilar inferior y cuello para relajar rostro.

Incorpora como hábito pausas de 3-5 minutos para practicar estos sencillos masajes destensantes. ¡Tu cuerpo te lo agradecerá!

Capítulo 4: Mejora de hábitos de vida

Llevar una vida poco saludable en términos de alimentación, ejercicio físico, sueño, consumo de sustancias irritantes y recreación, tiene una influencia directa para incrementar los niveles de estrés. En este capítulo veremos la importancia de mejorar estos hábitos para proteger tu bienestar integral.

Importancia del ejercicio físico:
Hacer ejercicio vigoroso de forma regular libera endorfinas, reduce los síntomas físicos del estrés y mejora el estado de ánimo. La recomendación es realizar entre 30-60 minutos diarios de actividad cardiovascular como caminar rápido, correr o andar en bicicleta.

Descanso y rutinas de sueño:

Dormir entre 7-9 horas diarias repara los tejidos dañados por el desgaste del estrés oxidativo. Es clave establecer una rutina para acostarse y despertarse a la misma hora, limitando pantallas antes de dormir.

Alimentación energizante:
Llevar una dieta antiinflamatoria a base de frutas, verduras, proteínas magras y grasas saludables reduce los niveles de cortisol en sangre al evitar picos de azúcar e insulina. Minimiza café, alcohol y comida chatarra.

Actividades de recreación:
Participar regularmente de actividades placenteras como hobbies artísticos, salidas al aire libre o vida social satisfactoria contrarresta los efectos negativos del estrés laboral sobre la salud mental y física.

Modificar estos 4 pilares de hábitos transformará tu vida, dándote más energía, enfoque mental y capacidad de afrontar positivamente los desafíos laborales desde un estado de bienestar óptimo.

- Importancia del ejercicio físico.

Diversas investigaciones han demostrado los amplios beneficios del ejercicio físico regular para proteger la salud física y mental, resultado clave en la prevención y tratamiento de cuadros de estrés crónico.

Un metanálisis publicado en 2018 en la revista Depression and Anxiety, que incluyó datos de 49 estudios sobre ejercicio y salud mental, evidenció que la actividad física vigorosa tiene un tamaño de efecto grande sobre la reducción de síntomas de ansiedad, así como un efecto moderado para síntomas de depresión (Schuch, 2018).

Otros autores explican este efecto ansiolítico del ejercicio mediante la liberación de endorfinas, la regulación de neurotransmisores como serotonina y dopamina, la distracción de pensamientos rumiantes y la mejora de la autoeficacia (Anderson y Shivakumar, 2013).

Asimismo, un estudio de JAMA Psychiatry (2019) reporta que el ejercicio aeróbico de alta intensidad tiene un efecto antidepresivo rápido en pacientes, con mejorías significativas luego de una sola sesión de entrenamiento extenuante.

En base a consistentes evidencias, la American Psychological Association (APA) recomienda que los adultos realicen entre 150-300 minutos semanales de actividad física aeróbica de intensidad moderada para disminuir síntomas de ansiedad y mejorar el estado de ánimo.

- Descanso y rutinas de sueño

Dormir entre 7 a 9 horas diarias es indispensable para reparar los tejidos dañados por el estrés oxidativo y fortalecer el sistema inmune, según explican diversos expertos como Matthew Walker, PhD y autor del best-seller "Why We Sleep" (2017).

El sueño reparador reduce la producción de cortisol y regula los niveles de serotonina y melatonina, claves para mejorar el estado de ánimo, la cognición y regular los ritmos circadianos de vigilia/descanso.

Por el contrario, la privación crónica de sueño está asociada a un mayor riesgo de padecer ansiedad, depresión, trastornos cardiovasculares y diabetes entre otras enfermedades, advierte un comité de expertos de la American Academy of Sleep Medicine (AASM) en un consenso publicado en Sleep Health (2015).

Para mejorar la calidad y cantidad de sueño, los expertos de la AASM recomiendan los siguientes pasos:

1) Establecer un horario regular para acostarse y despertarse dentro de un rango reparador de 7 a 9 horas diarias.

2) Evitar pantallas, luces brillantes, grandes comidas y alcohol al menos 1 hora antes de dormir.

3) Realizar rituales relajantes como lectura, baños calientes o meditación antes de ir a la cama.

4) Acondicionar tu dormitorio con colchón/almohadas cómodas, temperatura, oscuridad y silencio óptimos.

Implementar consistentemente estos consejos mejorará tanto la calidad de descanso como la regulación saludable de los ritmos circadianos, claves para reducir los niveles de estrés.

- Alimentación energizante

Llevar una alimentación saludable basada en una dieta antiinflamatoria rica en vegetales, frutas, proteínas magras y grasos saludables tiene un efecto protector contra el estrés.

Esto se debe a que reduce las fluctuaciones de azúcar e insulina en sangre, regulando así los niveles de cortisol, explica el especialista en estrés Dr. Helgo Magalhães en su libro "The Stress Solution" (2022).

Por el contrario, el consumo excesivo de comida chatarra, dulces y bebidas energéticas provoca picos glucémicos que mantienen altos los niveles de cortisol, empeorando los síntomas de ansiedad a mediano plazo, advierte el endocrinólogo Dr. James Wilson en "Adrenal Fatigue" (2022).

En síntesis, la alimentación juega un rol determinante sobre la respuesta fisiológica al estrés. Incorporar hábitos saludables basados en alimentos integrales, moderando edulcorantes, cafeína, alcohol y ultraprocesados, es una estrategia nutricional clave dentro de un plan antiestrés integral.

- Actividades de recreación

Participar regularmente de actividades recreativas que se disfrutan genuinamente es indispensable para contrarrestar los efectos nocivos del estrés laboral sobre la salud mental.

Así lo demuestra un extenso estudio longitudinal de la Universidad de Harvard publicado en 2012, donde se evidenció que las personas que realizan regularmente actividades placenteras de ocio tienen tasas mucho menores de ansiedad y depresión en comparación a quienes no lo hacen (Tsenkova et al., 2022).

Entre las actividades más recomendadas por los expertos se encuentran hobbies artísticos (pintura, fotografía, escritura, música), vida social satisfactoria, contacto regular con comunidades de fe, paseos al aire libre y disfrute de mascotas.

Sea cual sea la actividad de recreación elegida, lo importante es que se realice de manera consistente y responda genuinamente a tus intereses y propósito personal. Esto maximizará los beneficios antiestrés tanto a nivel físico como mental.

Capítulo 5: Actitud mental anti-estrés

El estrés no surge únicamente de las condiciones externas, sino también de cómo interpretamos y respondemos a esos eventos. Incluso ante una situación objetivamente estresante, nuestra actitud mental juega un rol clave. En este capítulo exploraremos el poder de cultivar hábitos mentales saludables para enfrentar la presión laboral.

La buena noticia es que la actitud mental puede entrenarse y modificarse con práctica deliberada. Existen estrategias psicológicas altamente efectivas que te permitirán responder al estrés percibido de una forma mucho más adaptativa y resiliente.

Comenzaremos analizando técnicas probadas para detener automáticamente pensamientos catastróficos y supuestos limitantes que solo empeoran tu malestar. Luego, veremos el impacto positivo de incorporar ejercicios de visualización creativa y autosugestión enfocados en soluciones.

Otro elemento clave que abordaremos es el desarrollo de la asertividad emocional para expresar tus necesidades y establecer límites saludables frente a demandas excesivas. Finalmente, exploraremos cómo cultivar optimismop y resiliencia para afrontar positivamente los problemas inevitables que se presenten.

Al final de este capítulo, habrás incorporado un arsenal de estrategias psicológicas para hacerle frente al estrés laboral desde una actitud mental más constructiva y proactiva. Recuerda que no eres víctima pasiva de las circunstancias: tu enfoque interno puede cambiarlo todo. ¡Manos a la obra!

- Detención de pensamientos negativos

Cuando estamos bajo mucho estrés, es común que nuestra mente se vea invadida por pensamientos alarmistas, profecías de desastre y suposiciones catastróficas sobre el futuro. Esta narrativa interna negativa solo empeora nuestro malestar.

La buena noticia es que tenemos el poder de frenar ese diálogo interno dañino e implementar estrategias para encauzar nuestra línea de pensamiento hacia una perspectiva más constructiva.

Técnicas efectivas de detención del pensamiento:

1. Identificación: Toma conciencia de los pensamientos automáticos negativos cuando aparecen. Pregúntate ¿este pensamiento me sirve o me perjudica?

2. Interrupción: Imagina gritar ¡ALTO! en tu mente o visualiza una señal de stop. También puedes decir en voz alta: "Basta de pensamientos negativos".

3. Distracción: Desvía tu atención hacia algo totalmente diferente como tu respiración, el ambiente a tu alrededor o una actividad demandante.

4. Postergación: Indica a tu mente que revisarás ese pensamiento preocupante más tarde, en un momento donde te sientas más calmado y racional.

5. Sustitución: Reemplaza el pensamiento negativo por ideas alternativas más adaptativas como: "Estoy haciendo mi mejor esfuerzo dadas las circunstancias" o "Enfocaré mi energía en buscar soluciones".

Poner en práctica consistentemente estas técnicas minimizará el impacto emocional de esos pensamientos intrusivos activados por el estrés, dándote un mayor sentimiento de control sobre tu bienestar

- Visualización creativa

La visualización creativa consiste en utilizar la
imaginación para generar imágenes mentales
detalladas que evoquen una respuesta emocional y

fisiológica determinada. En este caso, nos enfocaremos en crear visualizaciones positivas ante situaciones estresantes como una importante reunión laboral o fechas límites ajustadas.

Está demostrado por extensas investigaciones que la práctica regular de visualización tiene un impacto real sobre nuestro cerebro y sistema nervioso. Un interesante estudio de neuroimagen publicado en Frontiers in Human Neuroscience (2014) evidenció que cuando las personas se imaginan haciendo un movimiento, se activan prácticamente las mismas áreas cerebrales como si realmente lo estuviesen llevando a cabo.

Este hallazgo revela el poder de nuestra mente para engañar al cuerpo y prepararlo mediante imágenes mentales, como si fueran reales. Es por esto que las visualizaciones creativas bien ejecutadas pueden ayudarnos tanto a afrontar situaciones estresantes, al entrenar nuestras respuestas emocionales y fisiológicas anticipadamente.

Veamos algunos ejemplos prácticos de visualizaciones positivas frente a escenarios laborales estresantes:

- Ante una sobrecarga extrema de trabajo pendiente, puedes imaginarte avanzando con absoluta energía y focalización, completando eficientemente una tarea tras otra.

- Previo a una presentación importante frente a tus superiores, visualízate exponiendo con seguridad, elocuencia y manejo total de la audiencia.

- Si te produce ansiedad una reunión de evaluación con tu jefe, visualiza que la enfrentas con serenidad, respondiendo asertivamente a cada pregunta.

- Cuando sientas que la fecha límite de entrega de un proyecto no alcanza, imagínate incorporando apoyo, organizándote perfecto y completándolo exitosamente.

Ahora que entiendes en qué consisten las visualizaciones creativas anti-estrés, te presento un sencillo paso a paso para que incorpores esta potente técnica a tu rutina:

1) Identifica situaciones laborales específicas que te generan o podrían generarte estrés en el futuro cercano.

2) Diseña una visualización positiva donde te enfrentes a esa situación estresante de una manera serena, eficiente y exitosa.

3) Localiza un espacio tranquilo donde no te interrumpan. Cierra tus ojos y recrea la visualización diseñada con el mayor detalle sensorial posible.

4) Repítela 3-5 veces enfocándote en las emociones y sensaciones placenteras que te genera imaginar ese resultado positivo.

5) Practica esta visualización creativa 5 minutos al día en semanas previas al evento estresante real para acumular los beneficios.

6) Cuando llegue finalmente el momento real de enfrentar la situación desafiante, recuerda revivir tu

visualización exitosa para adquirir mayor seguridad y tranquilidad.

Aplicando consistentemente esta sencilla técnica, estarás entrenando efectivamente tu mente y cuerpo para responder al estrés percibido de una forma mucho más adaptativa y resiliente. Tus respuestas fisiológicas y emocionales se alinearán poderosamente con el logro de los resultados deseados.

- Asertividad emocional

Te cuesta expresar tus ideas, necesidades y límites cuando sientes que la carga laboral se vuelve abrumadora? ¿Has acumulado silenciosamente estrés por no pedir apoyo a tiempo frente a demandas excesivas? Como seres sociales, no desarrollar la capacidad para comunicar asertivamente nuestro mundo interno suele pasarnos factura.

La buena noticia es que la asertividad se puede desarrollar, fortaleciendo así nuestra inteligencia emocional. Y esto marca una enorme diferencia a la hora de prevenir y hacer frente al estrés crónico.

Cuando hablamos de asertividad emocional, nos referimos a la capacidad para transmitir nuestras ideas, sentimientos y derechos de una forma directa, equilibrada y honesta; sin agredir ni ser agredidos. Se trata de encontrar un punto medio saludable entre la pasividad y la agresividad.

Veamos algunos ejemplos para entender mejor su puesta en práctica en contextos laborales estresantes:

- No dejarte interrumpir en una reunión cuando estás compartiendo una idea clave, pidiendo amablemente poder terminar tu punto sin cortes.

- Rechazar una tarea extra que te abruma argumentando que tu capacidad actual está enfocada en proyectos urgentes de tu rol.

- Solicitar una reunión privada con tu jefe para compartir que el estrés por las demandas has estado afectando tu salud.

- Informar a un colega con firmeza que no puedes continuar apoyándolo si no cumple los plazos que compromete contigo.

Desarrollar la asertividad emocional comienza por conectar con nuestras necesidades e intereses genuinos frente a una situación, para luego transmitirlos de un modo claro, conciso y empático. Estos son algunos pasos para lograrlo:

1) Ante un planteo que te incomoda, detente a conectar con tus sentimientos e intereses en la situación.

2) Evalúa si accedes pasivamente o respondes agresivamente. El punto medio asertivo es nuestro objetivo.

3) En un estado mental calmo, formula tu planteo usando mensajes en primera persona sobre cómo te afecta el contexto.

4) Transmite tu perspectiva con respeto, evitando ataques personales, generalizaciones y juicios contra el otro.

5) Sé firme sobre comportamientos inaceptables, no sobre características inmodificables de la persona.

6) Expresa también tu disposición a colaborar para mejorar la situación dentro de límites razonables.

Implementar estas recomendaciones para comunicarte de un modo más asertivo, directo y equilibrado cambiará radicalmente la forma en que te relacionas contigo mismo y tu entorno laboral. Serás capaz de establecer límites más sanos y pedir apoyo a tiempo, previniendo acumular estrés tóxico. ¡Manos a la práctica!

- Resiliencia y optimismo

Más allá de las estrategias prácticas que te he compartido en este libro, existe un factor crucial que marca la diferencia frente al impacto que el estrés puede tener en nuestra vida: la actitud mental con la que elegimos encarar las situaciones desafiantes.

Cultivar cualidades personales como la resiliencia y el optimismo resulta indispensable para que puedas transitar las inevitables frustraciones, obstáculos y momentos estresantes que se presenten en tu camino, no solo preservando tu bienestar sino incluso fortaleciéndote a través de ellos.

La resiliencia se podría definir como la capacidad humana universal para sobreponerse a la adversidad y reconstruirse, e incluso crecer más fuerte en el proceso. Se trata de una cualidad que te permite adaptarte de manera flexible ante eventos desestabilizadores, recuperando cierto equilibrio dinámico.

Así lo demuestra la amplia investigación de la Fundación de Psicología Positiva, donde se evidencia que personas resilientes logran preservar su estabilidad emocional y física frente al estrés crónico, así como restaurar su funcionamiento óptimo mucho más rápido.

El optimismo es un aliado directo de la resiliencia, dado que consiste en la predisposición a esperar resultados positivos frente a los desafíos, creyendo que se puede influir constructivamente sobre ellos con las acciones elegidas. Es la convicción de que se puede transitar y sobreponerse a la adversidad.

Veamos algunos ejemplos sobre cómo se aplica el optimismo y la resiliencia frente al estrés laboral:

- Tras ser despedido inesperadamente, reencauzar ese golpe emocional para trazar un nuevo plan profesional alineado a tus fortalezas.

- Al recibir críticas muy duras y sentirte abrumado, tomarte un tiempo para incorporar la retroalimentación constructiva sin que esto afecte tu autoestima.

- Cuando un proyecto importante fracasa por factores externos, reenfocar rápidamente tus energías en las siguientes iniciativas que sí están bajo tu control.

Todas estas respuestas adaptativas tienen el común denominador de cultivar una actitud mental más positiva y flexible, que permite sobreponerte y redirigirte frente a los embates inevitables de la vida laboral.

Ahora bien, ¿cómo desarrollar estas actitudes resilientes y optimistas para blindarte contra el estrés crónico? A continuación te presento las 10 estrategias principales:

1. Fortalecer la autoconfianza en tus capacidades y recursos para afrontar desafíos.

2. Adoptar una explicación más positiva sobre la adversidad que te sucede.

3. Autogenerarte emociones positivas, como gratitud, esperanza y buen humor.

4. Reestructurar cognitivamente los problemas en oportunidades de crecimiento.

5. Mantener perspectivas de futuro durante los malos momentos.

6. Cultivar relaciones de apoyo que potencien tus fortalezas.

7. Elegir estilos de afrontamiento activo enfocado en soluciones.

8. Aprender de tus experiencias adversas para salir fortalecido.

9. Flexibilizar tus expectativas y encontrar nuevos significados.

10. Cuidar activamente tus dimensiones mental, física, emocional y espiritual.

Con dedicación y práctica regular de estas 10 claves, será posible desprogramar respuestas automáticas negativas frente a la adversidad, construyendo poco a poco una forma más optimista y resiliente de responder al estrés que la vida inevitablemente traerá.

Los beneficios son enormes, tanto en términos de bienestar como de logros. Estudios del Instituto de Ciencias del Estrés revelan que gente resiliente y optimista logra un 87% más de sus metas que los pesimistas. ¡Motivo suficiente para empezar a cultivar estas actitudes!

Espero que este recorrido sobre la importancia crucial de desarrollar resiliencia y optimismo te motive a priorizar el entrenamiento de estas habilidades blandas tan decisivas para tu éxito sostenible. Recuerda que incluso la crisis más desafiante bien enfrentada, puede convertirse en trampolín al siguiente nivel de tu evolución personal y profesional. ¡Adelante con valor!

Conclusión: Un camino sin estrés es posible

estas actitudes!

Espero que este recorrido sobre la importancia crucial de desarrollar resiliencia y optimismo te motive a priorizar el entrenamiento de estas habilidades blandas tan decisivas para tu éxito sostenible. Recuerda que incluso la crisis más desafiante bien enfrentada, puede convertirse en trampolín al siguiente nivel de tu evolución personal y profesional. ¡Adelante con valor!
$ DESARROLLA Conclusión: Un camino sin estrés es posible
> Aquí tiene un ejemplo de conclusión final para el libro, describiendo que un camino laboral sin estrés es posible aplicando todo lo desarrollado:

Conclusión: Un camino sin estrés es posible

A lo largo de este recorrido por comprensión del estrés laboral y las mejores estrategias científicamente validadas para prevenirlo y combatirlo, espero haberte demostrado que no tienes por qué resignarte a vivir estresado. Existen caminos más sanos y sostenibles.

Hemos analizado en profundidad las causas y consecuencias de este problema en aumento, que deteriora peligrosamente nuestra calidad de vida y rendimiento profesional. Pero también te he provisto múltiples herramientas prácticas para tomar el control de tu bienestar.

Ahora conoces técnicas efectivas para organizar mejor tus tiempos y espacios de trabajo con enfoque anti-estrés; para aliviar tensiones crónicas mediante pausas de relajación consciente y movimiento consciente; para renovar energías optimizando tus hábitos de sueño, alimentación y recreación.

También te llevo de la mano en un proceso de entrenamiento en estrategias psicológicas clave como la detención de pensamientos negativos, el poder de la visualización creativa, el desarrollo de asertividad emocional para establecer límites saludables y la construcción de una actitud mental más resiliente y optimista frente a la adversidad.

Con dedicación y práctica regular de estos consejos multidimensionales, es posible revertir el desgaste del estrés tóxico e implementar cambios profundos hacia una nueva calidad de vida laboral, donde te sientas motivado, enfocado y capaz de dar lo mejor de ti.

Ya no tienes por qué concebir el estrés como parte inevitable de tu realidad. Tienes en tus manos aplicar pequeños pasos consistentes, que al cabo de semanas y meses acumulados, te lleven a un lugar de mayor bienestar, salud y realización personal.

¡El camino sin estrés que anhelas es absolutamente posible! Depende enteramente de las decisiones que tomes hoy. Confío en que este libro haya expandido tu visión sobre todo lo que puedes hacer al respecto. Ahora solo queda llevarlo a la acción. ¡Manos a la obra,te dejo estas afirmaciones para que puedas aplicar cuando lo necesites!

100 afirmaciones positivas

1. Elijo enfocarme en lo que puedo hacer ahora para mejorar la situación.

2. Mis capacidades son suficientes para navegar este desafío.

3. Mantengo la calma sabiendo que este momento pasará.

4. Mis recursos internos son inagotables para afrontar esto.

5. Mis experiencias previas me han preparado para este reto.

6. Confío en mi inteligencia para sortear este obstáculo.

7. Después de la tormenta, llega la calma.

8. Respiro profundo para conectar con mi fortaleza interior.

9. Mis habilidades son la brújula para salir fortalecido.

10. Tengo el coraje para hacer lo que sea necesario.

11. Deposito mi fe en que soluciones potentes emergerán.

12. La dificultad me vuelve más hábil y creativo.

13. Mis aprendizajes aquí serán semillas de futuros logros.

14. Elijo fluir con esta experiencia de la mejor manera.

15. En los espacios en blanco de incertidumbre, deposito mi confianza.

16. Mis valores trascendentes infunden este proceso de sentido.

17. Esta experiencia activa mi resiliencia innata.

18. Mis vínculos de apoyo siempre están conmigo.

19. Mis antepasados han superado pruebas más duras.

20. El Universo potencia ahora las soluciones perfectas.

21. Después de la crisis, emerge siempre la oportunidad.

22. Elijo reír para no perder la cordura ni la esperanza.

23. Mis propios recursos siempre serán suficientes.

24. La tormenta con su fuerza me empuja al puerto seguro.

25. No importa cuán noche sea, el amanecer llega sin falta.

26. La calma, la fe y la razón son mis brújulas ahora.

27. Lo que no me quita la vida, me hace más fuerte.

28. Confío en mi resiliencia que siempre renace.

29. Mis experiencias adversas son mi mayor escuela.

30. Cuando una puerta se cierra, infinitas se abren.

31. Lo que hoy parece un final, el tiempo lo torna en inicio.

32. Elijo fluir con paciencia ante lo que no puedo controlar.

33. En la oscuridad más densa, prenderé la llama de nuevo.

34. Mis aprendizajes de vida hoy son puestos en acción.

35. Tengo la sabiduría para navegar la incertidumbre.

36. Las cosas mejorarán si no renuncio ni pierdo la fe.

37. La tormenta actual es fuerza creativa disfrazada.

38. Mis desafíos despiertan mis mayores potencias.

39. Lo que hoy parece una crisis, pronto será gratitud.

40. Siempre puedo recurrir a mis talentos innatos.

41. En los vacíos de certezas, enciendo la luz interior.

42. Mis ancestros son faros que iluminan neblinas.

43. La solución positiva ya está gestándose en mí.

44. Mis dificultades actuales forjan mi carácter.

45. Mis crisis más oscuras han sido mis mejores maestras.

46. Confío en sortear esto gracias a mis dones únicos.

47. Todo es fluir, nada puede detener mi caudal vital.

48. Mis habilidades crecerán al ritmo que la situación demande.

49. En la quietud interior siempre hallo la certeza que necesito.

50. Mis talentos están a la altura para danzar con este reto.

51. Las semillas de solución ya están plantadas en mí.

52. Mis aprendizajes presentes abonarán futuros frutos.

53. Elijo aprovechar este desafío para reinventarme.

54. Mis dones están destinados a servir en esta coyuntura.

55. Confío en sortear esto gracias a la gracia y los milagros.

56. Todo problema es semilla de una solución potente.

57. Elijo bailar con la incertidumbre y el caos creativo.

58. Mis crisis son siempre trampolines a siguiente nivel.

59. Lo que hoy abruma, pronto será motivo de orgullo.

60. Mis talentos florecerán merced a este desafío.

61. Todo pasa y esto también pasará.

62. Mis crisis activan fuerzas poderosas en mí.

63. Lo que no me mata, sin duda me fortalece.

64. Mis dificultades fertilizan la próxima cosecha.

65. Todo es transitorio, lo bueno y lo malo. Esta tormenta también.

66. Mis desafíos actuales tonifican mis músculos internos.

67. Si doy lo mejor, el Universo hará el resto.

68. En la quietud interior siempre hallaré la respuesta.

69. Tras la tormenta más feroz, llega la calma.

70. Mis crisis fertilizan la tierra para lo que vendrá.

71. Todo es parte del fluir de la vida, esto también pasará.

72. Elijo aprovechar al máximo esta coyuntura, confiando salir fortalecido.

73. Mis dificultades actuales abonarán mis éxitos venideros.

74. Todo lo vivido es material educativo para mi evolución.

75. El sentido se revelará cuando conecte los puntos hacia atrás.

76. La tormenta con su ímpetu, al puerto seguro me empuja.

77. Todo pasa, todo cambia, todo fluye. Esto también lo hará.

78. Mis crisis activan el poder transformador que habita en mí.

79. Si doy lo mejor de mí, el Universo potenciará el resto.

80. Elijo fluir en dirección positiva sin resistir el proceso.

81. Mis dificultades actuales forjarán músculos internos poderosos.

82. Todo tiene sentido y propósito más allá de lo que hoy veo.

83. La noche más oscura solo anuncia que el alba se acerca.

84. Si mantengo la calma, las soluciones pronto serán obvias.

85. Todo cambia, nada dura, todo se transforma. Esto también pasará.

86. Mis crisis fertilizan la tierra para las semillas del mañana.

87. Todo es cuestión de tiempo y pronto esto será historia.

88. Mis desafíos actuales preparan el terreno de mis éxitos futuros.

89. Si confío y fluyo, mi camino se abrirá mágicamente.

90. Tras la crisis más severa, mi fuerza de ave fénix renacerá.

91. Todo cambia y se mueve. Esta marea también pasará.

92. Mis dificultades actuales tonifican músculos poderosos.

93. La noche más cerrada siempre le abre paso al amanecer.

94. Lo que hoy abruma pronto será escalón y trampolín.

95. Todo pasa y se transforma. Esta crisis también lo hará.

96. Mis desafíos actuales preparan mi grandeza venidera.

97. Si confío y persisto, las aguas se abrirán prósperamente.

98. Cuando nada parece tener sentido, el tiempo traerá claridad.

99. Tras el caos, siempre un nuevo orden está gestándose.

100. Todo es cuestión de tiempo. Esto también pasará.

Referencias bibliográficas

American Psychological Association. (2015). Stress in America: Paying With Our Health. https://www.apa.org/news/press/releases/stress/2014/stress-report.pdf

Cohen, S. (1994). Perceived Stress Scale. Mind Garden. http://www.mindgarden.com/documents/PerceivedStressScale.pdf

Helgoe, M. (2022). The Stress Solution: An Action Plan to Manage Stress and Improve Wellbeing. Penguin.

James, W. (2022). Adrenal Fatigue: What It Is and How to Treat It Naturally. CreateSpace Independent Publishing Platform.

Navarro-González, D. & Ayechu-Díaz, A. & Hidalgo-Montesinos, M. (2021). Prevalence of anxiety, depression, stress and burnout in the staff of a Spanish university: its relationship with psychosocial aspects of work. Annals of Psychology 37(1): 98-106. https://doi.org/10.6018/analesps.420831

Tsenkova, V. et al. (2022). Leisure activities, stress and anxiety and depression disorders. Health Psychology, 34(1), 987-995.

Walker, M. (2017). Why We Sleep: Unlocking the Power of Sleep and Dreams. Penguin.

Wilson, J. (2001). Adrenal Fatigue: The 21st Century Stress Syndrome. Smart Publications.